DEIN CODEWORT

2da0din51

Weitere Abenteuer auf:
www.thienemann.de/CodewortRisiko

Gib deinen persönlichen Geheimcode ein
und erlebe die spannende Welt von
Codewort Risiko!

CODEWORT RISIKO

Caroline Lahusen/Jens Schröder

Die Wikinger greifen an!

Mit Bildern von Constanze Spengler

Thienemann

Lahusen, Caroline/Schröder, Jens:
Die Wikinger greifen an!
ISBN 978 3 522 18275 1

Reihengestaltung: init. büro für gestaltung, Bielefeld
Gesamtausstattung: Constanze Spengler
Rätsel (Konzeption): Anja Lohr
Schrift: ITC Stone Serif, Kosmik
Satz: KCS GmbH, Buchholz/Hamburg
Druck und Bindung: Friedrich Pustet, Regensburg
© 2011 by Thienemann Verlag
(Thienemann Verlag GmbH), Stuttgart/Wien
Alle Rechte vorbehalten. Printed in Germany.
5 4 3 2 1°   11 12 13 14

www.thienemann.de

Inhaltsverzeichnis:

Schiff in Sicht

Thore gibt das Kommando: »Alle Mann klar zum Entern!«

»Klar zum Entern!«, brüllen seine acht Seeräuber-Kumpanen und klettern mit Siegesgeheul über die Reling der *Walküre*. Sie schwingen ihre Schwerter und Knüppel und stürzen sich auf die Schiffsbesatzung.

Der Starke Harald und der Einäugige Odo sind völlig überrumpelt. »Hilfe! Ihr müsst uns doch nicht gleich köpfen!«, ruft Harald und pariert einen gefährlichen Schwerthieb mit seiner Säge.

»Lasst uns wenigstens noch die morschen Planken flicken. Was nützt euch ein gekapertes Schiff, das gar nicht seetüchtig ist?«

Thore überlegt. Heute ist er mal gnädig. »Na gut«, sagt er. »Du bleibst am Leben, Starker Harald. Ausnahmsweise.«

»Aber nur, bis du die *Walküre* für uns startklar gemacht hast. Danach ist wirklich Sense!«, ergänzt Thores bester Freund Sven.

»Genau«, kreischt Thore triumphierend. »Aber vielleicht hast du Glück und wir nehmen dich noch mit aufs Schiff – als Sklave!«

Harald grinst. Sein Sohn Thore ist zwar erst zehn Jahre alt. Aber – beim Donnergott – gewiss wird der Junge später einmal den Beinamen seines Vaters übernehmen: der »Starke« Thore.

Das vierzehn Meter lange Holzschiff *Walküre* ist der Lieblingsspielplatz für alle Wikingerkinder, seit es zur Reparatur am Strand der Bärenbucht liegt. Vor zwei Monaten, kurz bevor Harald mit seiner Mannschaft in See stechen wollte, hat ein Sturm das Schiff an die Felsen am Rand der Bucht gedrückt. Ein Totalschaden, dachten alle! Aber nun haben Harald und Odo den betagten Einmaster doch noch reparieren können. Bald werden sie die Segel setzen.

»Los, Sven, wer als Erster oben ist!«,

fordert Thore seinen besten Freund heraus und klettert flink zum Mastkorb empor. Sven steigt hinterher. Kurz darauf leuchten zwei hellblonde, strubbelige Haarschöpfe aus dem Ausguck.

Oben bläst den Jungs ein kräftiger Wind ins Gesicht.

»Wenn wir groß sind, werden wir auch zu fernen Küsten fahren«, murmelt Sven sehnsüchtig und blickt über die schier endlose Weite des Meeres.

Svens Vater ist jetzt irgendwo da draußen. Im Frühjahr ist er mit Pelzen und Walrosszähnen losgesegelt ins Frankenland, wo es viele Käufer für solche kostbaren Waren gibt. Nun naht der Sommer und das Schiff von Svens Vater müsste eigentlich bald zurückkommen.

Thore sucht den Horizont ab. An einem klitzekleinen Punkt bleibt sein Blick hängen. Er knufft seinen Freund und zeigt mit dem Finger. Sven schluckt. Auch er erkennt das dunkle Körnchen am unteren Rand des Himmels. Ob das sein Vater ist? »Schiff in Sicht!«, brüllen Thore und Sven gleichzeitig und klettern hinunter.

Die Nachricht verbreitet sich schnell in dem kleinen Wikingerdorf. Alle kommen aus ihren Häusern ans Ufer gelaufen. Es sind fast nur Frauen und Kinder – und wenige alte Männer. Misstrauisch blicken sie auf das größer werdende

Schiff. Sven kämpft mit den Tränen. Der schlanke Bug dieses Seglers – der gehört eindeutig nicht zum Handelsschiff seines Vaters. Und schon gar nicht der grimmige Drachenkopf, den er jetzt gut erkennen kann ...

Da brüllt Thores Vater: »Lauft um euer Leben! Das ist ein Kriegsschiff! Die Bande von Bror Bluthammer!« Er schubst Thore und Sven weg vom Strand. »Alle in den Wald zu unserem Versteck! Los, lauft, so schnell ihr könnt!«

»Nein, ich bin groß genug! Ich will mitkämpfen«, schreit Thore empört.

»Auf gar keinen Fall!«, erwidert der Starke Harald. »Bror Bluthammer ist ein Berserker. Du hast keine Ahnung, wozu solche Männer fähig sind. Du gehst mit den anderen. Sofort!«

Thore läuft ein Stück und bleibt dann zögernd stehen. Er beobachtet, wie sein Vater und Odo sich besprechen. Sie blicken einander in die Augen. Dann umschließen sie mit ihren Fäusten die Griffe ihrer Schwerter. Erst als sein Vater ihm einen strengen Blick zuwirft, dreht sich Thore endgültig um und läuft Sven hinterher.

INFO

»Wikinger« nennen wir heute alle Menschen, die zwischen dem 8. und 11. Jahrhundert an den Küsten von Dänemark, Schweden oder Norwegen lebten. Sie waren in Europa gefürchtet, weil viele dieser hervorragenden Seefahrer von Raubzügen lebten.

Doch es gab auch friedfertige Wikinger. Unter ihnen waren fleißige Bauern, Händler und Schiffsbauer.

Die Wikinger müssen sich beeilen,
das Kriegsschiff kommt schnell näher.
Was hat sich verändert?

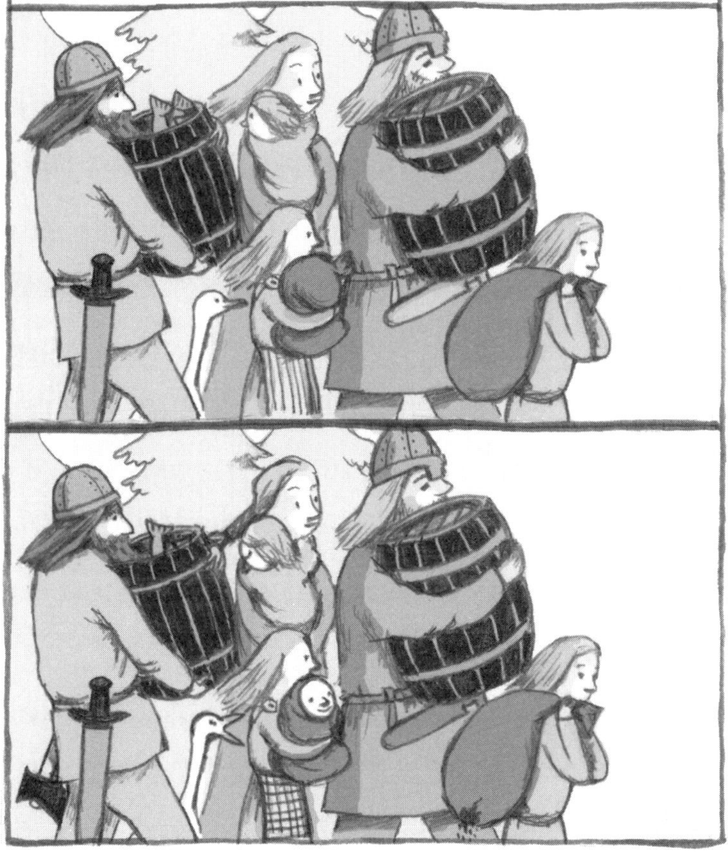

RÄTSEL

Der Überfall

Das Dorf ist leer. Fast unheimlich still.
Vor ein paar Sekunden noch haben hier
die Frauen ein paar Habseligkeiten zu-
sammengerafft – dann sind sie mit ihren
Kindern in den Wald gerannt. Thore
läuft an den eingezäunten Weiden und
mit Stroh gedeckten Langhäusern vorbei. Erst oben auf dem steilen Hang, der
ihre Bucht vom Wald abgrenzt, holt er
Sven ein, der auf ihn gewartet hat.

»Im Versteck werden wir nichts mitbekommen«, schnauft Thore missmutig.
»Wenn wir schon nicht mitkämpfen dür-

fen, müssen wir wenigstens beobachten, was im Dorf passiert. Komm!«

Unbemerkt von den Flüchtenden schleichen sich Thore und Sven zu ihrem Lieblingsbaum am höchsten Punkt des Hanges. Die gewaltige Buche hat ausladende Arme, die fast bis zum Boden reichen. Thore erklimmt die Äste wie die Sprossen einer Leiter. Sven folgt ihm bis zu ihrer aus Zweigen geflochtenen Plattform. Von hier oben haben sie freien Blick über die Bucht. Und auf das Schreckliche, was dort gerade passiert.

Das Drachenschiff hat angelegt. Die Ersten gehen an Land. Sven stöhnt: »Mindestens zwölf Mann!«

Mit erhobenen Schwertern und Äxten erreichen die Angreifer die ersten Häuser hinter dem Strand. Nichts rührt sich. Keine Gegenwehr. Die Jungs rutschen unruhig auf ihrer Plattform herum. »Warum tut denn niemand was?«, jammert Thore.

Völlig ungestört beginnen die Räuber jetzt, Fässer, Säcke und Truhen aus den Häusern der Dorfbewohner zu schleppen. Plötzlich schwirrt ein Hagel Pfeile über den Anlegeplatz, auf dem die Bluthammer-Bande ihre Beute sammelt.

»Das war ein Hinterhalt!«, jubelt Sven.

»Ja, Vater und Odo haben nur gewartet, bis sie möglichst viele Feinde auf einmal ausschalten können.«

Vier Angreifer liegen getroffen am Boden. Aber keiner ihrer Kumpane kümmert sich um sie. Wütend rennen die Räuber zwischen den Häusern hin und her, um herauszufinden, wer die Pfeile abgeschossen hat.

Ein riesenhafter Kämpfer feuert seine Männer mit wütigem Brüllen an, das bis zu den Jungs in die Baumkrone emporhallt. Er schwingt einen Kriegshammer.

»Das ist Bror«, erklärt Sven. »Mein Vater sagt, dass er ein Berserker ist, der keinen Schmerz fühlt und kein Mitleid empfindet. Mit dem Hammer soll er unzählige Männer erschlagen haben.«

Die Bluthammer-Bande hat jetzt Thores Elternhaus umzingelt. Offenbar haben Odo und Harald die Pfeile von dort abgeschossen. »Oh nein«, schreit Thore. »Die wollen Vater ausräuchern!«

Tatsächlich. Binnen Sekunden stecken fünf brennende Pfeile in dem Strohdach. Es geht sofort in Flammen auf.

Thore hält es nicht mehr aus: »Wo ist Vater? Wir müssen ihnen helfen!«

»Bist du wahnsinnig?!« Sven hält seinen Freund am Ärmel zurück. »Schau, jetzt kommen sie heraus!«

Thore erkennt seinen Vater und Odo sofort. Ihre Gesichter sind glühend rot. Auf der Wiese vor dem brennenden Haus stehen sie den Angreifern gegenüber. Mit gezückten Schwertern und Äxten stürzen sich die Gegner aufeinander. Der Einäugige Odo hält zwei Feinde gleichzeitig in Schach. Der Starke Harald kämpft sogar gegen drei. Er schafft es, einen nach dem anderen auszuschalten. Wie, das können Thore und Sven von ihrer Baumkrone aus nicht erkennen.

Doch schon hat Harald einen neuen
Gegner. Thore stockt der Atem: Es ist
Bror Bluthammer selbst!

Der Anführer schwingt seinen blitzen-
den Hammer gegen den Starken Harald.
Der weicht geschickt rückwärts aus.
Doch dann stolpert er plötzlich über ei-

nen Felsbrocken und fällt. Beide Jungs im Baum schreien laut auf.

Durch einen Tränenschleier erkennt Thore, dass sich zwei Männer auf seinen am Boden liegenden Vater stürzen. »Berserker. Kein Mitleid«, schießt ihm durch den Kopf. Jetzt hält ihn nichts mehr auf seinem Baum. Verzweifelt hangelt er sich an den Ästen herunter. Sven kommt kaum hinterher. Die beiden Freunde rasen zurück zu dem Pfad, der den steilen Hang hinunterführt.

Als Thore die Kurve Richtung Dorf nimmt, rennt er Odo in die Arme. Aus dessen Auge rinnen Tränen.

Erschrocken zieht er die Jungs im Laufen weiter. »Kommt sofort mit ins Versteck! Die Mistkerle werden jeden Moment hier sein.«

INFO

Der erste Wikingerüberfall, von dem wir wissen, fand am 8. Juni 793 auf der englischen Insel Lindisfarne statt. Bis an die Zähne bewaffnete Männer sprangen damals aus Drachenschiffen und stürmten das Inselkloster. Die »Nordmänner« erschlugen jeden Mönch, der sich ihnen in den Weg stellte. Sie plünderten den Kirchenschatz und setzten alles in Brand. Ein Überfall auf ein Gotteshaus war bis dahin undenkbar in Europa!

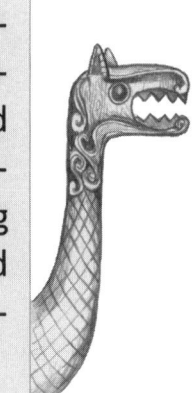

Die Bluthammer-Bande
schleppt viele Fässer davon.
Wie viele sind es ingesamt?

RÄTSEL

Eine mutige Entscheidung

Das Waldgebiet hinter der Bärenbucht ist tückisch für jeden, der sich nicht auskennt. Die Eichen, Birken und Buchen stehen eng, und wo sich doch eine Lichtung auftut, lauert das Moor. Jedes Wikingerkind kennt die gruseligen Geschichten von Vermissten, die der Sumpf hier lautlos verschluckt haben soll.

Tief in diesem Labyrinth haben die Dorfbewohner ihre Notunterkunft gebaut. Geheime Zeichen markieren einen sicheren Weg zum Versteck: drei aneinandergelehnte Birkenstämme, die für

Uneingeweihte aussehen, als wären sie rein zufällig so zusammengefallen.

Inzwischen ist es mitten in der Nacht. Thore liegt neben seiner Mutter in einer Ecke der mit Laub und Zweigen getarnten Hütte. Vor zwei Stunden ist er weinend in ihren Armen eingeschlafen. Jetzt, als er aufwacht, ist alles um ihn herum ganz still. Thore lauscht dem regelmäßigen Atem der Schlafenden und vereinzelten Seufzern. Sogar im Traum peinigen Odo Gewissensbisse, dass er seinem Freund nicht helfen konnte.

Thore ist jetzt hellwach. Er setzt sich auf. Ich muss wissen, was mit Papa ist!, beschließt er. Ich muss ins Dorf zurück!

Behutsam steigt er über mehrere Schlafende. Als er aus der Hütte schleichen will, erkennt er im Mondlicht den alten Kjell neben dem Eingang sitzen.

Thore flucht: »Mist, der Alte hält Wache!« Er sucht sich ein Stück Holz und schleudert es an Kjell vorbei, so weit er kann. Raschelnd fällt es weit vor dem Versteck ins trockene Laub. Der Trick funktioniert: Kjell steht ächzend auf und geht in Richtung des Geräuschs. Thores Chance! Er schleicht sich aus der Hütte und findet dahinter den Anfang des Pfades, der zurück zur Bucht führt.

Welch ein Glück, dass Vollmond ist! Da vorne schimmert das Weiß der ersten drei Birkenstämme. Thore hält darauf zu. Je dunkler es jetzt um ihn herum wird, desto stärker meldet sich ein mulmiges Gefühl in seiner Magengrube. »Geh weiter, Thore, Sohn des Starken Harald!«, feuert er sich selbst an.

An einer Stelle, wo kaum Mondlicht durch das Blätterdach dringt, bleibt er stehen. Wo ist das nächste Zeichen? Er späht ins Dunkel und tastet sich vor. Dann setzt plötzlich sein Atem aus: Aus der Ferne leuchtet ihm ein gelbes Augenpaar entgegen.

Ein Wolf – ein Bär??!

Flink wie ein Eichhörnchen klettert Thore auf einen Baum. Sein Herz pocht immer noch heftig, als er in die Dunkelheit starrt. Doch die Augen sind ver-

schwunden. Stattdessen erkennt er den Schimmer von drei Birken ...

Kurz darauf erreicht Thore den Weg, der hinunter ins Dorf führt. Von der An-höhe blickt er auf die Siedlung. In einem der Langhäuser brennt Licht. So ein Pech, die Halunken sind noch wach!

Das letzte Stück ist heikel, weil es keine Deckung mehr gibt. Das helle Mondlicht, über das er im Wald noch dankbar war, könnte ihn hier verraten. Thore robbt sich vor. Inzwischen kann er die Stimmen mehrerer Männer im Haus unterscheiden. Thore hockt sich unter ein Fenster und lauscht.

»Den Stärksten dieser Trottel habe ich erwischt!«, grölt einer der Räuber.

Thore zuckt zusammen: Ob die über seinen Vater reden?

»Jetzt prahl mal nicht so rum«, mault eine zweite Stimme. »Den hättet ihr ohne Bror niemals erledigt!«

Thore erstarrt. Erledigt?

»Bin gespannt, wie viel uns so ein kräftiger Arbeiter auf dem Markt in Görund einbringt!«, ruft ein Dritter, dessen Stimme gleich darauf von johlendem Gelächter übertönt wird.

Jetzt kullern Thore Tränen über seine Wangen. Er ist gleichzeitig erleichtert und entsetzt: Vater lebt noch – aber er soll als Sklave verkauft werden!

INFO

Die wichtigsten Waffen der Krieger waren ihr Schwert, ihr Speer und ihre Streitaxt. Einige Wikinger benutzten auch Pfeil und Bogen. Zu ihrer Verteidigung trugen sie runde, mit Leder überzogene Holzschilde, die oft bunt bemalt waren, und eiserne Helme.

Berserker nannte man Krieger, die ungewöhnlich kräftig und blutrünstig waren. Während des Kampfes konnten sie in Raserei geraten wie wilde Tiere (das altnordische Wort »Ber serkr« heißt »im Bären-Gewand«). Weil diese Männer angeblich keinen Schmerz spürten, glaubten viele, dass nur der Tod sie stoppen konnte.

1   2   3   4

An der Wand des Hauses sind die
Schatten der Männer zu sehen.
Welcher Schatten gehört zu
diesem Wikinger?

RÄTSEL ?

Die verpasste Chance

Thore ist verzweifelt.

Wieder dringt Gelächter durch das offene Fenster. Dann übertönt eine tiefe Stimme das Johlen: »Los, Leute, legt euch aufs Ohr! Bror will morgen ganz früh lossegeln, damit wir nachmittags wieder auf unserer Insel sind.«

Einige der Männer murren. Sie würden ihren Raubzug bei Bier und gestohlenem Ziegenfleisch am liebsten noch die ganze Nacht lang auskosten. »Der alte Bror mit seinem Aberglauben!«, schimpft einer. »Seit er von dem riesigen

Wolf angegriffen wurde, bleibt er an der Bärenbucht-Küste keinen Tag länger als nötig. Er glaubt wirklich, die Bestie wäre direkt von den Göttern aus der Unterwelt geschickt worden. Lächerlich!«

»Ehrlich gesagt«, brummt eine zweite Stimme, »freiwillig würde ich auch keinen Schritt mehr in diesen Wald setzen.«

Thore muss versuchen, seinen Vater zu befreien. Jetzt. Sofort. Irgendwie. Bevor die Bluthammer-Bande ihn morgen mitnimmt!

Vorsichtig krabbelt Thore im Schatten der Hütten in Richtung Dorfplatz. Ein schwacher Glutschimmer glimmt noch aus den verkohlten Resten seines Elternhauses. Thore schießen die Tränen in die Augen. Alles verloren! Alles, was sein Vater mitgebracht hat, als er im vergangenen Jahr monatelang auf Handelsreise

war. Der viel zu laute Schluchzer ent-
fährt ihm einfach so, er kann nichts da-
gegen machen. Auch das noch!

Schon hört er Stimmen aus dem
Haus. »Da ist wer«, grölt einer der Räuber. Eine Tür knarzt. Eisen klirrt. Stamp-
fende Schritte auf dem Lehmboden. Fackelschein nähert sich.

Thore rennt los. Ohne Deckung. Einfach geradeaus Richtung Wald. Hinter
sich hört er Poltern und Rufe. Er weiß,
dass er jetzt um sein Leben
läuft. Ein Pfeil sirrt neben
ihm durch die Luft,
aber im Dunkeln kön-
nen die Schurken
nicht zielen. Wei-
terrennen, Tho-
re! Den Hang
hoch!

Erst am Waldrand wagt er einen Blick zurück.

Zwei Männer mit Fackeln verfolgen ihn. Doch jetzt bleiben sie stehen und lachen dreckig: »Bestell deinen Leuten einen schönen Gruß von der Bluthammer-Bande. Und vielen Dank für den Sklaven!«

Dann drehen die Männer ab und stapfen zurück ins Dorf.

Wie betäubt taumelt Thore den Weg zurück ins Versteck. Er hat die Chance vertan, seinen Vater zu befreien! Odo und seine Mutter kommen ihm im Wald entgegen. Thore schafft es gerade noch, ihnen das Wichtigste zu berichten. Dann sinkt er erschöpft zu Boden und lässt sich von Odo in die Hütte tragen.

Früh am nächsten Morgen führen Thore und Sven Odo zu ihrem Kletterbaum. Sie kommen gerade rechtzeitig, um zu beobachten, wie die Bluthammer-Bande abfährt. Die Räuber hissen schon das Segel. Mehrere Männer schleppen Fässer mit Vorräten auf ihr Schiff, einer hebt eine zappelnde Ziege über die Reling. »Da ist Harald!«, schreit Sven plötzlich.

»Ja, er ist gefesselt!«, ruft Thore mit belegter Stimme. Ein dicker Kloß in seinem Hals raubt ihm beinahe den Atem.

Zwei Männer stoßen den humpelnden Harald zum Drachenschiff. Einmal bleibt er stehen, richtet seinen Blick zurück zum Wald hinauf. Dann zerren die Bewacher den Starken Harald weiter.

Thore ist verzweifelt: »Nein!! Vater!!«

Odo nimmt den schluchzenden Jungen in den Arm und tröstet ihn. Dann sagt er: »Jetzt ist keine Zeit zum Traurigsein. Weißt du, Thore, heute Nacht habe ich mir etwas überlegt ...« Beschwörend sieht er Thore und Sven an – jedenfalls so gut das mit einem einzigen Auge geht. »Wikingerjungs! Lasst uns beobachten, welchen Kurs die Schurken nehmen. Wenn es uns gelingt, die *Walküre* seetüchtig zu machen, segeln wir morgen nach Sonnenaufgang hinterher. Zur Bluthammer-Insel! Unseren Harald befreien! Ihr seid doch dabei, oder?«

»Klar!«, schreien beide Jungs gleichzeitig. Und dann bemerkt Thore, dass sich der dicke Kloß in seinem Hals von alleine wieder aufgelöst hat.

INFO
Die meisten Wikinger lebten in Langhäusern aus Holz. Sie wurden mit einem Kochfeuer in der Mitte der Halle beheizt, sodass die Luft im Inneren immer etwas rauchig war. Die Wikinger bauten Getreide an, sie hielten Ziegen und Langhornkühe, jagten Hasen und Elche, sammelten Eier von Möwen. Fische machten sie haltbar, indem sie sie in Salz einlegten. Im Winter, wenn ihre Heimat oft meterhoch mit Schnee bedeckt war, reisten sie auf Skiern über Land.

Wie heißen die Wörter?
Welches Wort ist der richtige Name des Schiffes?
Tipp: Jede Zahl steht für einen Buchstaben
im Alphabet (1 = A, 2 = B, 3 = C usw.).

Aufbruch mit Ake

»Wir haben Glück gehabt, dass die *Walküre* noch nicht fertig repariert war«, ruft
der Einäugige Odo Sven und Thore zu.
»Bror hätte das Schiff sicher mitgenom-
men.«

Seit Stunden dichten die Jungen den
reparierten Rumpf des Schiffs mit klebri-
gem Pech ab. »So einen stinkenden Kahn
klaut keiner«, seufzt Sven und schmiert
naserümpfend noch mehr Pech in eine
Spalte zwischen zwei Planken.

Thore sagt gar nichts mehr. Sehnsüchtig denkt er an ein warmes Essen

und seine Strohmatratze – und daran, dass die Bluthammer-Bande von seinem Heim nur Asche übrig gelassen hat.

Die Banditen haben das Dorf gründlich geplündert. »Mit meinem einzigen Mantel wärmt sich jetzt irgendein Halunke«, hat der alte Kjell heute morgen gejammert. Erst als er zu Thores Mutter geschaut hat, war er wieder leise. Schließlich hat die sogar ihren Mann an die Bluthammer-Bande verloren.

Alle Dorfbewohner schlafen noch, als Thore und Sven am nächsten Morgen zum Strand laufen. Es ist Flut. Ein kräftiger Wind bläst über die Bucht. Die *Walküre* liegt im Wasser und Odo steht an Deck. »Kommt an Bord, Jungs!«, ruft er an den Strand. Dann hisst er das große Segel. Im Nu bläht der Wind einen mächtigen Bauch in den grauen Stoff. Thore ballt begeistert seine Faust, als die Walküre schnell Fahrt aufnimmt. »Wehe dir, Bror Bluthammer! Ihr werdet was erleben!«, schreit er in den Wind.

Odo sitzt am Steuerruder und lacht. Aber sein Auge bleibt ernst dabei. »Zuerst müssen wir die Bande finden, du furchterregender Wikinger.«

»Wir wissen doch, dass man die Insel in einer knappen Tagesfahrt erreichen kann«, entgegnet Sven. »Jetzt müssen wir nur die Augen aufhalten – und etwas Glück haben.«

Odo nickt. »Glück brauchen wir auch. Aber vor allem Ake.« Er zeigt auf einen großen, mit einer Decke verhüllten Kasten. Die Jungs staunen, als sie unter den Stoff blicken. Ein Rabe beäugt sie durch die Stäbe seines Käfigs. »Wartet nur ab,

was der kann«, kündigt Odo geheimnis-
voll an und korrigiert den Kurs.

Stunden später. Die drei Skipper haben
zwischendurch Stockfisch, dunkles Brot
und Blaubeerkompott gegessen. Jetzt
sitzt Thore wieder im Mastkorb und
sieht immer noch nichts als Wasser. Wo
ist nur diese verflixte Bluthammer-Insel?

»Thore, komm mal runter!«, ruft Odo.
Unten, an Deck, nimmt er das Tuch von
Akes Käfig und steckt dem Raben ein

Stück gesalzenen Stockfisch durch die Stäbe. »Das wird ihn durstig machen.« Gierig zerrupft der Vogel es mit seinem Schnabel und schlingt es herunter.

Odo öffnet den Käfig und nimmt Ake auf die Hand. »Los, mein Junge, flieg hoch! Such dir selbst dein Trinkwasser. Und finde dabei die geheime Insel, wo Harald gefangen gehalten wird!«

Thore staunt. Was für ein genialer Trick!

Ake macht ein paar Hüpfer über die Ruderbänke. Dann breitet er die Flügel aus und legt sich elegant in den Wind, der ihn sofort in den Himmel hebt.

»Behaltet den Vogel im Auge, Jungs!«, sagt Odo.

Gespannt verfolgen die drei, wie sich der Rabe über dem Schiff immer höher schraubt, bis er nur noch ein kleiner schwarzer Punkt am Himmel ist. Plötzlich schert der Punkt aus und steuert zielstrebig in eine Richtung.

»Hinterher!«, brüllt Odo und reißt die Ruderpinne herum. Das Schiff neigt sich gefährlich zur Seite. »Gebt acht«, warnt Odo, »sonst geht ihr über Bord!«

Aber Thore hält es vor Aufregung nicht mehr aus. Trotz der Schieflage der *Walküre* klettert er wieder zum Mastkorb hoch. Er ist noch nicht ganz oben, da sieht er schon den grauen Fleck am Horizont. »Wir haben die Insel gefunden!«

Erst im Schutz der Dunkelheit traut sich Odo, das Schiff näher an die Insel zu steuern. Thore und Sven sitzen schweigend im Bug der Walküre. Sie sind froh, dass sich der Mond hinter Wolken versteckt hat. Odo orientiert sich an Feuern, die er aus der Ferne erkennt – und nimmt dann Kurs auf die andere, unbeleuchtete Seite der Insel. Thore schluckt: Ob es ihnen gelingt, sich mit einem Vierzehn-Meter-Schiff anzuschleichen?

Er sieht jetzt Hügel, etwas Wald und viele schroffe Felsen. Die Insel ist klein. Thore schätzt, dass man in zwei Stunden um sie herumrudern könnte. Er holt mit Sven das Segel ein. Odo will ganz langsam fahren. Das macht weniger Geräusche. Und es verringert die Gefahr, dass die *Walküre* auf einen Felsen aufläuft. Das wäre das Schlimmste! Dann wären sie keine Befreier mehr – sondern selber gefangen auf der Insel des Berserkers.

INFO
Wikinger waren zu ihrer Zeit die besten Seefahrer Europas – egal, ob sie ihre Holzboote mit Segeln oder bis zu 50 Ruderern vorantrieben. Auf See orientierten sie sich vor allem am Stand der Sonne und benutzten dazu spezielle Sonnenuhren, um ihre genaue Fahrtrichtung zu bestimmen. Nachts halfen ihnen Sternbilder, nicht vom Kurs abzukommen. Die Wikingerschiffe waren schnell und wendig. Dank ihres flachen Rumpfes konnten sie an jedem seichten Strand anlegen – und ihre Besatzung Dörfer überfallen.

Auf welchem Weg kommen sie zur Insel?

Brors Insel

RÄTSEL ?

Auf der Bluthammer-Insel

»Autsch!«, jault Sven leise. Ein Zweig hat ihn im Gesicht getroffen.

»Tut mir leid«, flüstert Thore, der direkt vor Sven geht und sich einen Weg über die mit knorrigen Büschen bewachsenen Felsen bahnt.

Aus der Ferne hören sie schon Gegröle und Gelächter. Die feiern ihren Raubzug, denkt sich Thore.

In der Nische einer Felswand warten die drei Freunde, bis kein Laut mehr aus dem Räuberlager dringt. Dann wagen sie sich weiter vor. »Wir müssen damit rechnen, dass sie Wachen aufgestellt haben!«, warnt Odo die Jungs.

Sven atmet tief durch. Immerhin sind sie im Begriff, die Bluthammer-Bande zu überfallen. Zwei Kinder und ein Einäugiger! Ziemlich verrückt, das Ganze!

Thore spürt seine Angst nicht. Er kann nur daran denken, dass er seinen Vater befreien will. Auf allen vieren klettert er flink das letzte Stück eine Anhöhe hinauf. Geschafft!

Unter ihnen erstreckt sich eine weitläufige Bucht. Im schwachen Mondlicht erkennt Thore mehrere Hügel, vor denen Lagerfeuer glimmen.

»Wo sind die Typen nur alle?«, flüstert Sven neben ihm irritiert. Aus allen Richtungen dringt Rasseln und Schnarchen zu ihnen herauf.

»Die schlafen ihren Rausch aus«, ant-

wortet Odo. »Einer liegt dort neben der Feuerstelle im Gras. Wahrscheinlich sollte der Wache halten.«

Thore ist ungeduldig. »Wir müssen Vater finden. Ich schleiche mich runter und sehe mich mal um.«

»Warte«, Odo hält ihn zurück. »Die Halunken hausen in Höhlen unter Grashügeln. Seht ihr die Kuppe dort drüben?« Er zeigt auf den größten Hügel. »Ich glaube, dass Bror dort wohnt. Vielleicht hat er seinen Sklaven gleich bei sich behalten.«

»Dann lasst uns da zuerst nachsehen!

Los, tapfere Wikinger!«, raunt Thore und steigt vorsichtig in die Bucht hinab.

Unbehelligt gelangen sie zu Brors gut getarnter Behausung. Die grob gezimmerte Tür steht einen Spalt offen. Daneben, an den Hügel gelehnt: Brors hölzerner Schild – und sein Hammer!

»Die fühlen sich aber sicher!«, flüstert Odo erfreut. »Haben nicht mal eine Wache vor dem Haus des Anführers!«

Thore drückt langsam die Tür ein Stückchen weiter auf.

»KRRRRK!!!« Lautes Knarzen von Holz zerschneidet das ruhige Schnarchkonzert in der Bucht. Erschrocken legen sich die Freunde flach auf den Boden.

»Sei still, Sklave! Sonst stopfe ich dir dein Maul!«, lallt eine brummige Stimme aus dem Inneren.

»Ich muss pinkeln. Ich gehe kurz vor

die Tür«, antwortet eine zweite Stimme. Thore erkennt sie sofort!

»Versuch ja nicht, wegzulaufen!«, droht Bror schlaftrunken. »Du kommst hier nicht weit.«

»Weglaufen? Wie denn, mit dem Strick um meine Arme und Beine?«, sagt der Starke Harald und öffnet die Tür.

Er humpelt mehrere Schritte ins Dunkle und biegt um eine Ecke.

»Hmmmpf!« Harald ächzt erschrocken, als sich ihm etwas um den Hals schlingt: Es ist sein Sohn Thore!

Vater und Sohn haben Mühe, ihre Freude nicht laut herauszuschreien. Sie stehen ja noch neben der Höhle des Berserkers! Zum Glück schnarcht Bror schon wieder.

»Kannst du laufen?«, fragt Odo seinen Freund, als er ihn von den Fesseln befreit hat.

»Klar«, antwortet Harald. »Solange du kein Wettrennen veranstalten willst …«

Thore hat eine Idee: »Wartet!« Er schleicht noch mal vor die Eingangstür und trägt etwas Schweres zurück: Es ist Brors gefürchtete Waffe – der Bluthammer!

Odo kichert leise: »Oha! Das gibt morgen mächtig Ärger auf der Insel! Jetzt müssen wir aber schnell weg hier!«

Dann kriechen vier Schatten lautlos über die Grasdächer und den Hang.

Thore ärgert sich fast ein wenig, dass er nicht mitbekommen wird, wie am nächsten Morgen Bror Bluthammers Wutschrei über die Räuberinsel schallt. Wie er seine Suchtrupps losschicken

wird, um seinen Hammer und den ent-
flohenen Sklaven zu finden. Und wie sie
nichts entdecken werden. Nicht einmal
die Spuren am Strand, wo Odo, Thore
und Sven angelegt hatten. Die wird die
Flut nämlich längst weggespült haben.

INFO
Die meisten Wikinger gehörten zum Stand der
»freien Männer« und »freien Frauen«. Aber es
gab auch Sklaven. Oft waren das Gefangene, die
die Sieger nach einem Kampf oder Krieg als Beute
mit nach Hause genommen hatten. Sie mussten
schwere Arbeit verrichten: Bäume fällen, Fes-
tungswälle aufschütten – aber auch als Küchen-
diener rackern. Manchmal wurden sie sogar um-
gebracht, wenn ihr Herr gestorben war, und mit
ihm zusammen ins Grab gelegt, um ihm auch nach
dem Tod dienen zu können.

Wie oft kannst du
das Wort BROR auf
dem Bluthammer
entdecken?

BROBRORBROROBRORB
OBOBBRORORROBBRO
BRORORROBRBOROBRO
ROBRORORBBORORBRO
OBROORBOROROBRORR
BRORBROROROBROBR

RÄTSEL ?

Das Thing

Zu Hause in der Bärenbucht feiern alle Wikinger die Rückkehr der vier Helden. Thores Mutter lacht und weint abwechselnd vor Glück. Die Nachricht verbreitet sich auch in den Nachbardörfern. Denn noch nie hat es jemand gewagt, Bror Bluthammer die Stirn zu bieten!

Sven hat sogar doppelten Grund zur Freude: Während er sein großes Abenteuer bestanden hat, ist das Schiff seines Vaters zurückgekehrt. Vollgeladen mit den feinsten Waren und einem riesigen grauen Tier, das aussieht wie ein Wolf.

Svens Vater sagt, dass es im Frankenland Hund genannt würde und dass es seinem Besitzer sogar gehorcht! So ein Tier hat an der Bärenbucht noch niemand gesehen. Aber heute tritt sogar ein solches Mitbringsel in den Hintergrund.

»Wir haben die mutigsten Söhne, die es gibt, Harald!«, schwärmt Svens Vater, als alle Dorfbewohner am Abend um das Feuer sitzen. »Lass uns anstoßen!«

Harald lacht und prostet allen zu. Dann verdüstert sich sein Gesicht. »Leider müssen wir damit rechnen, dass die Schurken Rache üben.«

Odo nickt. »Wir sollten sofort Boten losschicken und ein Thing einberufen«, schlägt er vor.

Thore staunt. Ein Thing! Es hat schon lange keine dieser großen Versammlungen mehr gegeben, auf denen Wikinger ihre wichtigsten Fragen gemeinsam besprechen. Viel zu zerstritten waren die Dörfer entlang der Küste in den vergangenen Jahren. Aber jetzt, in Zeiten der Gefahr, würden sie vielleicht wieder zusammenhalten. So wie früher.

Zwei Tage später sitzen 24 Männer aus sechs Dörfern auf einer Anhöhe über der Bucht. Es herrscht eine feierliche Atmosphäre. Thore und Sven dürfen zuhören. Allerdings müssen sie jeden, der den Thingplatz betritt, erst einmal beruhigen. Selbst ausgewachsene Männer haben Respekt vor den Jungs, die einen »Wolf« dabeihaben, der ihnen gehorcht.

»Keine Sorge, ich habe Grim gut im Griff«, sagt Sven ungefähr zwanzig Mal. »Er ist ein Hund. Aus dem Frankenland.«

Der Starke Harald eröffnet das Thing

mit einem Bericht von seiner Entführung und der Befreiungsaktion durch Thore, Sven und Odo. Ein Raunen erklingt in den Reihen der versammelten Männer.

Dann erhebt Harald erneut seine Stimme: »Mutige Wikinger! Der nächste Überfall der Bluthammer-Bande könnte euer Dorf treffen. Wir sollten uns zusammenschließen!« Die Männer murmeln aufgeregt. Einige nicken.

Thore hört kaum noch zu. Eine Idee in seinem Kopf nimmt Formen an. Er berät sich kurz mit Sven, dann knufft er seinen Vater in die Seite: »Ich kenne ihre Schwachstelle, Vater! Ich weiß, wovor Bror Angst hat!«, flüstert er.

Der Starke Harald zögert. Noch niemals hat ein Kind bei einem Thing sprechen dürfen! Fragend blickt er zu Kjell, dem Ältesten in der Runde. Erst als der freundlich nickt, bittet Harald die Jungs in den Kreis der Männer.

Aufgeregt beginnt Thore: »Wikinger! Ich weiß, es hat viel Streit gegeben zwischen den Dörfern. Warum muss das ewig so weitergehen? Macht gemeinsame Sache gegen Bror – haltet zusammen. Ich habe eine Idee, was die Bande so erschrecken könnte, dass sie sich nie wieder an unsere Küste wagen. Aber es geht nur, wenn alle mitmachen!«

Rundum fragende Blicke.

Thore tut so, als wäre die Zusammenarbeit schon beschlossene Sache. Unbeirrt fährt er fort: »Schön. Wir brauchen etwas Zeit für die Vorbereitungen.«

In diesem Moment kommt ein Mann völlig außer Atem auf die Anhöhe gelaufen. Es ist ein Bote aus der Görand-Bucht. »Bror nimmt Kurs auf eure Küste«, meldet er keuchend. »Er hat mindestens 30 Männer an Bord. Bei Anbruch der Dunkelheit werden sie hier sein!«

INFO

Es gab keine aufgeschriebenen Gesetze bei den Wikingern. Wenn ein Streit geschlichtet, ein Urteilsspruch gefällt oder eine neue Regel vereinbart werden musste, dann entschied man darüber beim Thing. Das war eine Versammlung, bei der alle freien Männer aus einer Region ihre Meinung sagen durften. Jeder Mann, der das Recht hatte, eine Waffe zu tragen, musste bei der Versammlung erscheinen. Einem einstimmigen Beschluss beim Thing mussten sich sogar die Häuptlinge unterwerfen.

Schau dir die Ausschnitte genau an
und suche sie im Bild. Schreibe die passenden
Buchstaben nacheinander auf ein Blatt.
Welches Lösungswort ergibt sich?

Der Verrat

Es ist schon fast dunkel, als das Drachenschiff mit einem Knirschen auf den
Strand der Bärenbucht fährt. Ein grim-
mig blickender Räuber nach dem anderen springt vom Bug herab und läuft auf
das Dorf zu, das wie leer gefegt aussieht.

Auch Thore und Sven sind unsichtbar.
Sie sitzen hoch oben im Mastkorb der
Walküre und beobachten aufgeregt, ob
ihr Plan funktioniert.

Bror trägt eine große Fackel. »Die haben sich alle aus dem Staub gemacht«,
schimpft er. In diesem Moment ent-

deckt er den alten Kjell, der sich hinter einem der Häuser versteckt hat.

»Heh, alter Mann! Wo sind die anderen? Wo ist mein Sklave? WO IST MEIN HAMMER?«, brüllt Bror mit rotem Kopf.

»Verschont mich, Bror«, krächzt Kjell eingeschüchtert. »Ich bin ein lahmer Greis, der nicht so schnell in den Wald fliehen kann wie die anderen.«

Bror lacht höhnisch. »Wusste ich's doch. Diese Memmen! Wir werden ihr Versteck ausräuchern. Und dich, Alter, mit dir werden wir …«

»Lasst mich gehen! Bitte!« Kjells Stimme klingt völlig verzweifelt. »Dann verrate ich euch auch … ach nein …«

Jetzt ist Bror neugierig geworden. »Was willst du verraten? Sag schon!«

Kjell windet sich. »Werdet ihr mich dann verschonen?«

»Vielleicht. Vielleicht auch nicht. Kommt drauf an, wie wertvoll dein Geheimnis für uns ist. Raus damit!«

Kjell seufzt. »Ich habe wohl keine Wahl«, murmelt er. »Also: Gestern ist eines unserer Schiffe aus Frankenland zurückgekommen. Mit Dutzenden Silberkrügen. Ich denke, unsere Männer sind jetzt gerade dabei, die wertvollen Stücke alle zu vergraben. Morgen früh werdet ihr sie nicht mehr finden.«

Bror zögert. Das Lachen gefriert auf seinem Gesicht. In der Finsternis soll er in DIESEN Wald gehen? So hatte er sich das nicht gedacht. Seine Männer reden aufgebracht durcheinander.

Aber schnell hat sich Bror wieder gefangen. Seine Augen blitzen. Die Gier ist stärker als die Angst.

Mit einer barschen Handbewegung bringt er seine Meute zum Schweigen. Dann wendet er sich an Kjell: »Wie finden wir dieses Rattenloch, in das sich deine Freunde verkrochen haben?«

Kjell zuckt nur mit den Schultern. Er wendet sein Gesicht ab. Es ist nicht zu übersehen, dass er Gewissensbisse hat.

Blitzschnell packt Bror den alten Mann am Kragen, zückt ein Messer und hält es ihm an den Hals. »Sag uns den Weg! Jetzt!!«

Kjell wimmert. »Birken«, flüstert er hastig. »Drei Birkenstämme, übereinandergelegt, zu einer Art Pfeil. Das sind die Wegmarken. Bitte sagt ihnen nicht, dass ich es euch verraten habe …«

Als Bror den Alten loslässt, sackt Kjell schluchzend in sich zusammen.

»Los, Männer. Ihr habt gehört, was der Krüppel gesagt hat. Ich pfeife auf böse Geister: Ab in den Wald!«

Bis an die Zähne bewaffnet und mit Fackeln in der Hand klettert die Bluthammer-Bande den Hang hinauf. Die Männer können nicht wissen, dass zwei mutige Jungs schon vorausgelaufen sind und auf der Plattform ihres Kletterbaums lauern. Jetzt nimmt Thore beide Hände an den Mund und tutet laut und vernehmlich, genau wie ein Nachtkauz! Sekunden später tönt aus der Tiefe

des Waldes die vereinbarte Antwort: Hu-
huuuu! Huhuhuuuu!

Die Botschaft ist angekommen. Das
Spiel kann beginnen.

INFO

Luxuswaren wie Silbergeschirr, Seidenstoff oder
Trinkgläser konnten die Wikinger nicht selbst
herstellen, weil sie die Rohstoffe nicht besaßen.
So tauschten sie auf ihren Handelsfahrten solche
Güter gegen ihre eigenen Schätze ein, wie kost-
bare Tierfelle, starke Seile aus Walrosshaut, Eisen – und Bernsteinschmuck! Das versteinerte
Harz von einer längst ausgestorbenen Kiefer findet man heute noch manchmal an Ostseesträn-
den.

Löse das Rätsel.
Setze die Buchstaben der Wörter zusammen.
Die durchgestrichenen Buchstaben
darfst du nicht verwenden.

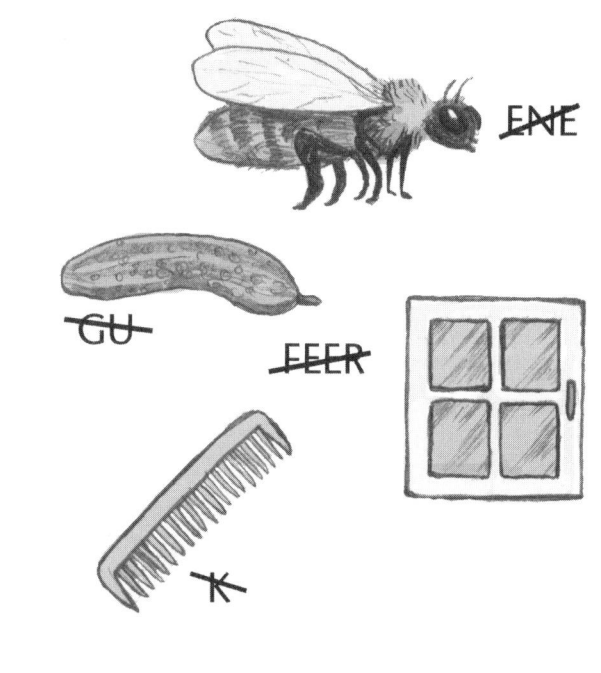

~~ENE~~

~~GU~~

~~FEER~~

~~K~~

Irrweg im Moor

In Windeseile hangeln sich die Jungen von ihrer Plattform herunter. Sie sehen gerade noch, wie die Bluthammer-Bande die erste Wegmarke aus weißen Birkenstämmen findet. Bror lacht grölend auf. Dann biegen die Räuber nach links ab. Wie geplant.

Thore und Sven gehen nach rechts: den echten Moorweg entlang. Den richtigen Wegzeichen nach – bei denen nämlich die Birkenstämme gar keinen Pfeil auf dem Boden bilden, sondern einfach aneinandergelehnt sind. Keuchend treffen sie bald auf mehrere Männer aus dem Nachbardorf. »Alles nach Plan!«, flüstert Thore. Die Männer nicken.

Die Bluthammer-Bande ist auf ihrem »Irrweg« nicht zu überhören. Laute Flüche schallen durch das Dickicht, weil alle paar Meter einer der Räuber knietief im Schlamm versinkt. »Die kommen kaum voran – wie vorausgesagt«, murmelt Sven zufrieden und knufft Thore aufgeregt in die Rippen.

Die Jungs warten noch ab, mucksmäuschenstill. Hin und wieder blinkt das Licht einer der Fackeln durch das Geäst.

Dann ist plötzlich wieder der Berserker zu hören, seine Stimme dringt sogar über die Distanz durch das Unterholz: »HAAALT!!!«

Jetzt müssen die Banditen an der Weggabelung angelangt sein – wo

Thore und Sven am Nachmittag listiger-
weise zwei Birken-Markierungen gesetzt
haben: eine für jede Seite!

Brors Stimme ist nun lauter als zuvor
zu hören. »Wir lassen uns doch hier
nicht an der Nase herumführen!«, brüllt
er. »15 Mann gehen links, 15 Mann
rechts.«

Thore blickt Sven erleichtert an. »So
ist's brav, Bror Bluthammer«, flüstert er
seinem Freund zu. »Immer schön auf fal-
schen Wegen weitertappen …«

»Wo müssen wir jetzt zuerst hin?«, fragt Sven.

»Bror ist mit nach rechts gegangen. Also nehmen wir uns zuerst die Linken vor, die haben keinen Anführer«, sagt Thore.

Sie nicken den Männern im Mondlicht zu und schon sind beide Jungen im Wald verschwunden – auf einem Schleichweg, den sie noch am Nachmittag ausgekundschaftet hatten. Mitten im Dickicht finden sie eine weitere Gruppe versteckter Wikinger, diesmal sind Svens Vater und auch der Starke Harald dabei. Sie grüßen sich lautlos.

»Habt ihr die Därme?«, fragt Thore.

»Klar, mein Sohn«, antwortet Harald und zeigt auf einen Haufen aus Ziegendarm-Ballons, prall mit Wasser gefüllt und zugeknotet.

Schwacher Fackelschein schimmert durch die Zweige. Die Bande kommt – auf dem Irrweg, der hier ganz nahe an den echten Moorpfad heranführt. Thore nimmt eines der Geschosse, wiegt es in der Hand. Zielt. Wirft.

Zischschsch! Genau auf die erste Fackel, die ein Kerl mit einer Narbe über der Stirn trägt. Sie verlischt im Nu.

»Was war das?«, brüllt er verdutzt und starrt ins Dunkle. Der Narbige schnappt sich die Fackel von seinem Hintermann. »Die können was erleben!« Er macht vier, fünf Schritte ins Unterholz, in die Richtung, aus der das Wurfgeschoss kam. Dann sackt er plötz-

lich in ein Moorloch. Die zweite Fackel geht aus.

»Verdammt!«, flucht der Räuber und schält sich mühsam aus dem Schlamm. Thore ballt seine Faust vor Freude. Er greift nach dem nächsten Ballon. Zischschsch! Wieder getroffen!

Auch am Ende der Gruppe geht eine Fackel aus. Super! Sven hat auch eine erwischt. Noch ein Wurf. Jemand flucht.

»Schade, nicht getroffen«, flüstert Sven.

»Doch«, wispert Thore. »Ins Gesicht zählt auch.«

»Wenn wir kein Licht mehr haben, sind wir verloren!«, ruft jemand mit zitternder Stimme. Ein Räuber hebt einen Ast vom Waldboden auf und versucht, ihn an der letzten Fackel zu entzünden. Vergeblich! Das Holz ist zu feucht.

»Zurück! Alle zurück ins Dorf!«, befiehlt der Narbige. Hastig stolpern die Männer über den Weg, den sie gekommen sind. Immer wieder schauen sie sich um. Doch es ist zu dunkel, als dass sie ihre Gegner erkennen könnten.

»Tja«, sagt Thore. Sein Grinsen ist so breit, dass es fast im Dunkeln strahlt.

Svens Vater macht ein Zeichen, dass alle still sein sollen. »Jetzt müssen wir uns Brors Rest-Truppe vornehmen. Hoffentlich haben die anderen alles vorbereitet!«

INFO

Die Wikinger beteten viele Götter an, zwei waren ihnen besonders wichtig: der weise Göttervater Odin und der Donnergott Thor, der alle anderen Götter mit seinem Hammer beschützte. Kleine silberne Hämmerchen wurden daher oft als Schmuck und Glücksbringer getragen. Die Wikinger glaubten auch, dass in ihren Wäldern und Mooren übernatürliche Wesen leben. Elfen und Zwerge zum Beispiel. Große Angst hatten sie vor dem Wolf Fenrir, der laut einer alten Sage den Göttervater auffrisst.

Was gehört eigentlich nicht in den Wald?

Der Höllenhund

Hätten sie doch zumindest ein kleines Licht angezündet, um den Weg zu finden! Aber nein, der Starke Harald wollte auf Nummer sicher gehen. »Wir kennen uns doch hier aus. Wir finden den Weg auch im Dunkeln«, hat er gesagt.

Das war zehn Sekunden, bevor Thore von einer riesigen Hand gepackt und in die Luft gehoben wurde.

Jetzt drückt ihm der riesige Berserker ein Messer an den Hals. Sein Gesicht kommt Thore ganz nah. Er kann Brors stinkenden Atem riechen: »Du kleine

Ratte! Leise schleichen und ohne Licht, was? Das können wir auch!«

Thore bleibt vor Angst die Luft weg, er kann nichts antworten. Der Starke Harald versucht, heimlich seinen Dolch aus dem Gürtel zu ziehen – aber schon haben ihn zwei von Bluthammers Männern gepackt. »Da ist ja auch mein Sklave wieder!«, ruft Bror. Weiter hinten ertönt ein gedämpfter Schrei. Auch Svens Vater haben sie überwältigt.

Aus dem Augenwinkel sieht Thore gerade noch, wie ein kleiner Schatten ins Gebüsch huscht. Sven!

»Was machen wir jetzt mit denen?«, fragt einer der Männer.

»Das überlegen wir, wenn wir den Silberschatz ...« Weiter kommt Bror nicht. Denn jetzt, gerade rechtzeitig, beginnt der zweite Teil des Plans.

Im Unterholz entzünden sich Fackeln wie von Geisterhand. Sie werfen flackerndes Licht auf ein großes Moorloch. Nichts rührt sich dort. Oder doch? Der Morast beginnt zu blubbern.

Thore merkt, wie sich Brors Griff lockert. Er kann riechen, wie dem Berserker der Schweiß ausbricht. Er kann fühlen, wie der Mann zittert. Aber entkommen kann Thore noch nicht. Trotzdem weiß er genau: Was jetzt kommt, wird dem Räuber den Rest geben!

Auf dem Moor bildet sich eine Beule. Sie hebt sich immer höher, schwillt an, reißt oben auf. Ein Kopf, ein Oberkörper, über und über mit Schlamm bedeckt. Gespenstisch umzuckt vom magischen Fackellicht. Der Mund des Moorwesens öffnet sich zu einem Brüllen. Ein einziges Auge leuchtet aus dem Morast.

»Ein Troll!«, schreit Bror.

Super gespielt, Odo, denkt sich Thore – und löst sich mit einem Ruck aus Brors Schwitzkastengriff. Der Berserker ist so verängstigt, dass er es kaum merkt.

»Alle Mann zurück aufs Schiff!!!!«, brüllt Bror in die Nacht. Niemand bewegt sich. Bror kreischt panisch: »Los, ihr Ratten, tut was ich gesagt habe!«

Da sieht Bror, was seine Männer erstarren lässt: Ein funkelndes Augenpaar leuchtet auf dem Pfad und versperrt den

Rückweg. Bedrohliches Knurren ertönt. Der Wolf aus der Unterwelt?

Rund um den versteinerten Bror herum ertönt jetzt ein klackerndes Geräusch von Feuersteinen, die auf Metall reiben. Fackeln flammen auf und beleuchten im Halbkreis die Wikinger aus allen sechs Dörfern der Bärenbucht. Die beiden kleinsten von ihnen stehen neben dem Wolfsungetüm.

»Wagt es ja nicht, mich, den unbesiegbaren Bror Bluthammer anzugreifen!«, krächzt der Berserker und hebt drohend sein Schwert. Da schnellt ein Schatten nach vorn. Grim beißt Bror in den Unterarm und rüttelt daran, bis die Waffe des Berserkers zu Boden fällt. Dann läuft das Tier zu den Jungen zurück.

Brors Schrei gellt durch die Finsternis des Waldes. Die Gesichter der Räuber sind vom Schock verzerrt. Nur die umstehenden Dörfler lächeln plötzlich im Flammenlicht ihrer Fackeln.

»Seht nur!«, bemerkt Sven. »Der Berserker kann also doch Schmerz empfinden!« Neben ihm setzt Thore sein allerbreitestes Grinsen auf.

Jetzt tritt der Starke Harald vor und erhebt die Stimme: »Bror Bluthammer! Wie du siehst, sind die Leute der Bärenbucht mit den Göttern im Bunde! Du hast jetzt die Wahl: Entweder werden wir dich dem Wolf opfern …«

Genau im richtigen Moment lässt Grim ein besonders bedrohliches Knurren vernehmen.

»… oder du schwörst bei der Unterwelt, nie mehr dein hässliches Gesicht an unserer Küste zu zeigen.«

Bror, der hünenhafte Berserker, ist in sich zusammengesackt. Blut trieft aus seiner Bisswunde am Arm. Schweiß perlt von seiner Stirn. Er wimmert. »Ich schwöre alles, was ihr wollt, wenn ihr mir nur diese Bestie vom Leib haltet.«

Jetzt wagt sich Thore einen Schritt vor. Immerhin ist er ja einer der besten Freunde der gefährlichen Bestie.

»Prima, dann haut jetzt ab!«, ruft er. »Und ladet vorher alles, was an Ladung auf eurem Schiff ist, auf unserem Dorfplatz aus – als Wiedergutmachung.«

Man sieht Brors Gesichtszügen an, dass sein Wille völlig gebrochen ist. »Gut. Aber wie kommen wir denn jetzt von hier wieder hinunter zum Anleger?«

Die Antwort ertönt aus einer unerwarteten Richtung. »Nöhhhmt düüüsmool düüü dreiöckigen Büüüürken-Zööichen!«, stöhnt es dumpf unten aus dem Moorloch. Wer genau hinhört, kann erkennen, wie der Einäugige Odo unter der Schlammschicht sein Lachen kaum verbergen kann.

Bror nickt nur. »Kann ich vielleicht wenigstens meinen Bluthammer wiederbekommen?«, fragt er kleinlaut.

»Oje!«, antwortet ihm Sven mit gespieltem Bedauern. »Tut mir echt leid, aber der ist jetzt unser Anker für das kleine Beiboot der *Walküre*. Wahrscheinlich ist er auch schon ein bisschen rostig. Kauf dir doch einfach statt eines Bluthammers mal eine Schaufel – und mach was Vernünftiges. Das findet übrigens auch mein Wolf, oder?« Grim lässt noch mal ein kurzes Knurren hören.

Und unter dem Gelächter aller ehrlichen Wikinger schleichen sich die Räuber in die Dunkelheit davon.

»Geschafft!«, jubelt Thore.

Sein Vater klopft ihm auf die Schulter. »Das habt ihr gut gemacht, Jungs. Heute habt ihr euch eure ersten Beinamen verdient: der Wolfsjunge Sven und der Trickreiche Thore!«

INFO

Einige Wikinger waren mutige Entdecker. Sie besiedelten zunächst Island, die Insel mit den gefährlichsten Vulkanen Europas. Hundert Jahre später schwärmte der Seefahrer Erik der Rote seinen Freunden von einem »Grönland« vor – einem grünen Land, das er entdeckt hatte und nun besiedeln wollte. Sein Sohn Leif Eriksson war um das Jahr 1000 der erste Europäer, der an der Küste Nordamerikas vor Anker ging. Fast 500 Jahre vor Christoph Kolumbus!

Kannst du die Quizfragen
lösen? Die Buchstaben hinter
den richtigen Antworten
ergeben ein Lösungswort.

1. Was ist ein Berserker?
a) ein riesiger Wolf (S)
b) ein großes Schwert (I)
c) ein gefährlicher Krieger (T)

2. Wikinger waren besonders gute ...
a) Handwerker (C)
b) Bauern (U)
c) Seefahrer (H)

3. In welchem Land lebten Wikinger?
a) Italien (E)
b) Norwegen (A)
c) Frankreich (O)

4. Welche wertvolle Ware verkauften die Wikinger?
a) Silber (S)
b) Seide (N)
c) Bernstein (R)

5. Wie hieß die Versammlung der Wikinger?
a) Thon (S)
b) Thing (E)
c) Thand (I)

RÄTSEL

Auflösungen: